*30 Beweise dafür, dass wir in einer
Computersimulation leben
Wir sind nur Batterien*

Mutter Hautberg

30 Beweise dafür, dass wir in einer Computersimulation leben

Wir sind nur Batterien

Bibliografische Information der Deutschen Nationalbibliothek
Die Deutsche Nationalbibliothek verzeichnet diese Publikation in der Deutschen Nationalbibliografie; detaillierte bibliografische Daten sind im Internet über http://dnb.d-nb.de abrufbar.

ISBN 978-3-7693-1229-4

Copyright (2024) Mutter Hautberg
Verlag: BoD · Books on Demand GmbH, In de Tarpen 42, 22848 Norderstedt
Druck: Libri Plureos GmbH, Friedensallee 273, 22763 Hamburg
Alle Rechte bei dem Autoren.

11,99 Euro

Vorwort

Seit Anbeginn der Menschheitsgeschichte haben wir nach dem Sinn des Lebens gesucht, nach Antworten auf die großen Fragen: Wer sind wir? Woher kommen wir? Und was ist Realität? Doch was, wenn die Welt um uns herum nicht die „wahre" Realität ist, sondern nur eine Illusion, eine perfekt gestaltete Simulation, die jeden Aspekt unseres Lebens beeinflusst? Die Vorstellung, dass unser Universum nichts anderes sein könnte als eine Matrix – eine digitale Realität, erschaffen von Kräften, die wir nicht begreifen – ist eine Idee, die uns gleichermaßen fasziniert und erschüttert.

Die Simulationstheorie, die von Visionären, Wissenschaftlern und Philosophen gleichermaßen aufgegriffen wurde, stellt einen radikalen Denkansatz dar: Sie legt nahe, dass das Universum, so wie wir es erleben, auf einer programmierten Basis existiert. Doch diese Theorie ist mehr als ein Gedankenspiel. Die Frage, ob wir in einer Simulation leben, führt uns an die Grenzen dessen, was wir über das Universum, über Bewusstsein und über uns selbst zu wissen glauben. Die Hinweise und Überlegungen, die in diesem Buch präsentiert werden, lassen das Bild einer Realität entstehen, die möglicherweise nicht das ist, was sie scheint.

30 Beweise dafür, dass wir in einer Matrix leben lädt Sie ein, sich auf eine gedankliche Reise zu begeben, die bekannte Grenzen überschreitet und Sie dazu anregt, das scheinbar Selbstverständliche zu hinterfragen. Die Kapitel dieses Buches beleuchten wissenschaftliche Phänomene, mysteriöse Erfahrungen und philosophische Konzepte, die allesamt Hinweise darauf sein könnten, dass unser Leben Teil eines sorgfältig geplanten „Programms" ist. Sind Déjà-vus, Nahtoderfahrungen und Synchronizitäten nur Zufälle, oder handelt es sich um Fehler und Botschaften, die uns die Matrix sendet? Können wir die Matrix jemals wirklich verstehen, oder ist es unser Schicksal, in einer Realität zu leben, die wir nie vollständig begreifen?

Dieses Buch bietet keine endgültigen Antworten, sondern öffnet Türen zu neuen Fragen. Es lädt Sie ein, neugierig zu bleiben, zu erforschen und die Möglichkeit einer alternativen Wahrheit zuzulassen – einer Wahrheit, in der die Realität um uns herum keine feste Struktur, sondern ein meisterhaftes Konstrukt ist. Vielleicht ist das Bewusstsein darüber selbst der Schlüssel, der uns ein kleines Stück mehr Freiheit gibt – Freiheit, das Unbekannte zu betrachten und die Frage nach der Wirklichkeit immer wieder neu zu stellen. Erleben Sie mit uns das faszinierende Gedankenspiel einer simulierten Realität. Ob Sie am Ende überzeugt sind oder nicht, bleibt Ihnen überlassen. Aber seien Sie gewarnt: Einmal hinter die Kulissen geblickt, wird die Welt nie mehr dieselbe sein.

Einleitung: Die Frage nach der Realität und der Möglichkeit einer Matrix

Seit Menschengedenken haben Philosophen, Wissenschaftler und Denker aller Kulturen immer wieder versucht, die wahre Natur der Realität zu ergründen. Was ist real? Existiert die Welt um uns herum so, wie wir sie wahrnehmen, oder ist sie möglicherweise eine Illusion? Mit dem Aufstieg moderner Technologien und der wachsenden Erkenntnis über die Strukturen und Paradoxe der Naturgesetze gewinnt diese Frage heute eine völlig neue Dimension. Einige Theorien gehen so weit zu behaupten, dass unsere gesamte Existenz nichts anderes ist als eine hochkomplexe Computersimulation – eine perfekte Matrix, in der jede Entscheidung, jedes Detail und jeder Moment bewusst oder unbewusst programmiert und von einer höheren Intelligenz überwacht werden könnte.

Die Idee, dass wir in einer Art Simulation leben könnten, klingt auf den ersten Blick wie Science-Fiction. Doch es ist eine Hypothese, die in den letzten Jahren verstärkt das Interesse und die Neugier von renommierten Denkern und Wissenschaftlern geweckt hat. Nick Bostrom, ein angesehener Philosoph an der Universität Oxford, brachte die Idee mit seiner „Simulationstheorie" in den Mainstream und behauptete, dass es durchaus wahrscheinlich sei, dass eine zukünftige Zivilisation die Technologie besitzt, vollständige Welten in Form von Simulationen zu erschaffen. Bostrom geht sogar so weit zu sagen, dass, sollten zukünftige Zivilisationen tatsächlich in der Lage sein, Simulationen unserer Welt zu erstellen, die Wahrscheinlichkeit steigt, dass wir selbst in einer solchen Simulation leben. Auch andere führende Köpfe wie der Unternehmer Elon Musk und der Astrophysiker Neil deGrasse Tyson haben in Interviews darüber spekuliert, dass das Universum, wie wir es kennen, eine künstliche Schöpfung sein könnte, die von einer höheren Intelligenz geschaffen wurde – möglicherweise einer Zivilisation, die so fortgeschritten ist, dass ihre Schöpfung unsere Vorstellungskraft bei weitem übersteigt.

Doch wie könnte man so etwas beweisen? Wie könnte man feststellen, dass das, was wir als Wirklichkeit empfinden, eine Illusion oder ein Programm ist? Die Antworten darauf könnten in den Naturgesetzen selbst liegen. Dieses Buch, *30 Beweise dafür, dass wir in einer Matrix leben*, erkundet die faszinierende Theorie, dass unsere Realität eine raffinierte, detaillierte und nahezu fehlerfreie Simulation sein könnte. Hier werden dreißig Hinweise untersucht – wissenschaftliche Phänomene, philosophische Gedankenspiele, mathematische Merkwürdigkeiten und psychologische Effekte – die allesamt darauf hindeuten könnten, dass unsere Welt tatsächlich „programmiert" ist. Die Idee hinter diesen Beweisen ist nicht zu behaupten, dass wir definitv in einer Matrix leben, sondern aufzuzeigen, dass es Indizien gibt, die den Anschein erwecken, als könnte dies durchaus der Fall sein.

Ein besonders interessanter Hinweis ergibt sich beispielsweise aus der Quantenphysik. Phänomene wie der Beobachtereffekt, bei dem

Teilchen sich anders verhalten, wenn sie beobachtet werden, oder das Doppelspaltexperiment, das scheinbar „bewusste" Entscheidungen von Elementarteilchen dokumentiert, scheinen die Vorstellung zu unterstützen, dass die Realität auf eine Weise konstruiert ist, die auf eine bewusste Manipulation hindeutet. Wie in einem Computersystem könnte die Realität „Effekte" aufweisen, die je nach Beobachtung und Kontext unterschiedlich erscheinen – als würde sie „reagieren". Doch auch jenseits der Wissenschaft gibt es Hinweise: Warum erleben wir manchmal Déjà-vus, die wie „Fehler im System" wirken? Warum existieren kollektive Fehlwahrnehmungen und Erinnerungen, die ganze Gruppen von Menschen gleichermaßen betreffen, wie beim sogenannten Mandela-Effekt? Diese scheinbaren Anomalien könnten Hinweise darauf sein, dass unsere Realität programmiert ist – und dass sich das Programm gelegentlich „verheddert".
Auch die Mathematik selbst – oft als die „Sprache des Universums" bezeichnet – könnte ein Hinweis auf eine programmierte Realität sein. Das Auftauchen von mathematischen Konstanten, Symmetrien und Fraktalen in der Natur wirkt fast, als sei alles in einem geordneten Code geschrieben. Das Universum gehorcht in vielerlei Hinsicht mathematischen Regeln und Formeln, die so präzise sind, dass sie an den Code eines Computerspiels erinnern, in dem jede Bewegung, jeder Schritt und jede Reaktion in ein mathematisches Muster eingebettet ist.

Ein weiteres faszinierendes Feld ist die Psychologie. Was, wenn unsere Emotionen, Gedanken und sogar unsere Erinnerungen Teil eines programmierten Bewusstseins sind? Was, wenn bestimmte Gedanken und Erinnerungen „vorausgeladen" werden, wie in einem Computersystem, das auf Befehl reagiert? Die Vorstellung, dass das Bewusstsein selbst eine programmierte Illusion sein könnte, wirft tiefgreifende Fragen auf, die uns dazu bringen, die Grenzen zwischen „real" und „illusionär" zu hinterfragen.

In diesem Buch laden wir Sie ein, die 30 überzeugendsten Beweise und Hinweise darauf zu untersuchen, dass wir in einer simulierten Realität leben könnten. Dabei greifen wir auf wissenschaftliche Erkenntnisse, philosophische Überlegungen und populäre Theorien zurück, die alle eines gemeinsam haben: Sie werfen die Möglichkeit auf, dass das Universum ein perfekt orchestriertes Spiel ist, dessen Regeln wir allmählich entschlüsseln. Es geht nicht darum, blind an diese Hypothese zu glauben, sondern darum, die Faszination und die Möglichkeiten zu erkunden, die diese Theorie bietet. Denn wenn wir in einer Matrix leben, bedeutet das, dass unsere Realität auf Code basiert und dass, ähnlich wie in einem Videospiel, sich dieser Code möglicherweise verändern lässt.

Sind Sie bereit, sich dieser Frage zu stellen? Bereit, das eigene Verständnis von Realität zu hinterfragen und die Idee zuzulassen, dass das, was wir sehen, fühlen und wissen, nicht das Ganze ist? Die Simulationstheorie lädt uns ein, über das Offensichtliche hinauszuschauen und die Welt durch die Augen eines Entdeckers zu betrachten. Lassen Sie uns gemeinsam in die 30 Beweise eintauchen und möglicherweise die ersten Schritte auf einer Entdeckungsreise machen, die nicht nur das Universum, sondern auch uns selbst verändern könnte.

Kapitel 1: Die Quantenwelt und die Rolle des Beobachters

In den vergangenen Jahrzehnten hat die Quantenphysik eine neue Welt offengelegt, die sich unserem normalen Verständnis von Realität radikal widersetzt. Die kleinsten Bausteine des Universums, sogenannte Quanten, verhalten sich auf eine Weise, die selbst Wissenschaftler und Forscher bis heute verblüfft. Dabei spielen Teilchen eine entscheidende Rolle, die die Quantenwelt für uns so rätselhaft und geheimnisvoll machen. Diese Teilchen scheinen sich – im Gegensatz zu den Gegenständen in unserer Alltagswelt – nicht immer an feste Orte und Bahnen zu halten. Stattdessen existieren sie in einem schwebenden Zustand der Möglichkeit, bis ein Beobachter sie wahrnimmt.

Der sogenannte „Beobachtereffekt" beschreibt das verblüffende Phänomen, dass die kleinsten Teilchen, wie Elektronen oder Photonen, erst dann eine eindeutige Position und Form annehmen, wenn sie tatsächlich beobachtet oder gemessen werden. Vorher befinden sie sich in einer Art „Überlagerung", in der sie verschiedene Zustände gleichzeitig einnehmen. Die Vorstellung, dass die kleinsten Bausteine unserer Realität nur dann „real" werden, wenn sie von einem Beobachter wahrgenommen werden, stellt alles infrage, was wir über die Natur der Realität zu wissen glaubten.

Dieses Phänomen wird oft mit einem berühmten Experiment verdeutlicht: Schrödingers Katze. Dieses Gedankenexperiment zeigt, dass sich ein

Teilchen in zwei Zuständen gleichzeitig befinden kann, solange niemand es beobachtet. Die Katze im Experiment könnte in einem geschlossenen Kasten theoretisch lebendig und tot zugleich sein – bis der Kasten geöffnet wird und ein Beobachter feststellt, ob die Katze lebt oder nicht. Diese Idee, die in der Quantenwelt für Teilchen Realität ist, scheint mit unserer Vorstellung von „Realität" unvereinbar. Warum sollte es sein, dass sich die Bausteine des Universums anders verhalten, wenn sie beobachtet werden? In der klassischen Physik bleibt ein Objekt unverändert, ob jemand es ansieht oder nicht. Ein Stuhl bleibt ein Stuhl, egal, ob jemand hinschaut. Doch auf subatomarer Ebene scheint sich die Realität je nach Anwesenheit eines Beobachters zu „entscheiden", in welchen Zustand sie übergeht. Der Beobachtereffekt hat Wissenschaftler wie Albert Einstein und Niels Bohr zu tiefgreifenden Debatten angeregt. Einstein selbst war skeptisch gegenüber dieser Vorstellung und versuchte, die Quantenmechanik zu hinterfragen, weil sie sich so sehr gegen die Grundprinzipien der Physik zu stellen schien, die er kannte. Bohr hingegen vertrat die Ansicht, dass der Beobachter eine entscheidende Rolle in der Gestaltung der Realität spielt und dass es ohne Beobachtung keine „feste" Realität gibt. Diese unterschiedlichen Perspektiven haben die wissenschaftliche Gemeinschaft bis heute tief gespalten.

Doch was bedeutet das alles für unsere Vorstellung von der Realität? Einige Forscher, die

die Simulationstheorie unterstützen, sehen im Beobachtereffekt einen möglichen Hinweis darauf, dass unsere Welt „berechnet" wird – ähnlich wie in einem Computerspiel, in dem eine Szene erst dann detailliert dargestellt wird, wenn ein Spieler sie tatsächlich betritt. Stellen wir uns ein Videospiel vor, in dem eine ganze Stadt oder eine ganze Landschaft existiert, die jedoch nur dann vollständig berechnet wird, wenn der Spieler diesen Bereich betritt. Die restliche Welt könnte in einer Art „Standby-Modus" existieren und wird nur dann in aller Detailschärfe dargestellt, wenn der Spieler sie aktiv besucht. Der Beobachtereffekt stellt die Frage, ob die Realität sich ähnlich verhält – ob sie sich nur in voller Komplexität zeigt, wenn sie tatsächlich beobachtet wird. Dies würde die Vorstellung, dass unsere Realität vielleicht eine Illusion oder Simulation sein könnte, unterstützen.

Kapitel 2: Das Doppelspaltexperiment – Entscheidung im System

Ein weiteres bedeutendes Experiment, das die Eigenart der Quantenwelt und das Mysterium der Realität beleuchtet, ist das Doppelspaltexperiment. Es gehört zu den bekanntesten und zugleich verwirrendsten Experimenten der modernen Physik und stellt unser Verständnis darüber, was „Realität" überhaupt ist, auf eine harte Probe. Das Experiment scheint zu zeigen, dass Elektronen und Photonen – die kleinsten Bausteine unseres Universums – sich nicht nur unterschiedlich verhalten, sondern dies abhängig davon tun, ob sie beobachtet werden.

In diesem Experiment werden Elektronen durch zwei schmale Spalten auf eine dahinterliegende Fläche geschossen, die registriert, wo die Teilchen aufschlagen. Die Elektronen erzeugen, sobald sie durch die Spalten fliegen, ein Muster auf der Fläche – ähnlich wie Lichtwellen oder Wasserwellen, die durch zwei Öffnungen in einem Becken fließen und aufeinander treffen. Das Ergebnis ist ein sogenanntes Interferenzmuster, das darauf hindeutet, dass sich die Elektronen als Wellen verhalten und in gewisser Weise „durch beide Spalten gleichzeitig" gegangen sind. Sobald jedoch ein Detektor hinzugefügt wird, der überwacht, durch welchen Spalt die Elektronen gehen, verändert sich das Verhalten der Teilchen plötzlich: Sie verhalten sich nun wie klassische Teilchen und erzeugen kein Wellenmuster mehr, sondern ein Muster aus zwei klar definierten

Streifen, das darauf hindeutet, dass sie sich nur durch einen Spalt bewegt haben.

Diese plötzliche Verhaltensänderung – von einem Wellenmuster zu einem Teilchenmuster – sobald ein Beobachter ins Spiel kommt, lässt tiefgreifende Fragen aufkommen: Warum „entscheidet" sich ein Elektron, wie es sich verhält, je nachdem, ob es beobachtet wird oder nicht? Der Anschein, dass ein Teilchen sowohl Welle als auch Teilchen sein kann und erst durch das Beobachten „entschließt", was es sein will, stellt das klassische Verständnis der Natur auf den Kopf.

Manche Wissenschaftler argumentieren, dass das Doppelspaltexperiment ein Schlüssel zur Simulationstheorie sein könnte. Der Wechsel zwischen Wellen- und Teilchenverhalten wirkt wie eine Reaktion auf die Anwesenheit eines „Spielers" – in diesem Fall des Beobachters. Es ist, als ob die Teilchen, die Elektronen, sich ihrer Umgebung bewusst sind und ihr Verhalten anpassen, sobald jemand sie „sieht". Das Konzept, dass Realität „auf Abruf" erschaffen wird, wenn sie benötigt wird, klingt auf den ersten Blick fantastisch und doch erinnert es stark an Computerspiele oder Simulationen, in denen eine virtuelle Welt nur dann vollständig gerendert wird, wenn der Spieler bestimmte Orte betritt oder bestimmte Aktionen ausführt.

Wenn wir uns ein großes, offenes Videospiel wie eine „Open World"-Simulation vorstellen, dann wird der Hintergrund oft nur grob berechnet, während die Bereiche, in denen der Spieler gerade aktiv ist, mit detaillierten Texturen,

Lichtquellen und Schatten ausgestattet sind. Dieses Prinzip spart Rechenleistung und hält das System effizient – genau wie es die Simulationstheoretiker für das Universum vorschlagen.

Das Doppelspaltexperiment könnte also auf ein ähnliches Prinzip hinweisen: eine Realität, die nur dann „genau berechnet" wird, wenn jemand hinschaut. So wie eine Spielwelt nur dann in ihrer vollen Pracht erscheint, wenn ein Spieler bestimmte Bereiche besucht, könnte die Realität selbst erst dann konkretisiert werden, wenn sie bewusst wahrgenommen wird.

Für Verfechter der Simulationstheorie ist das Doppelspaltexperiment ein faszinierender Beweis dafür, dass unsere Welt eine Art programmierte Struktur besitzen könnte.

Kapitel 3: Déjà-vus und „Systemfehler" in der Matrix

Ein Déjà-vu ist ein seltsames und faszinierendes Phänomen, das wohl jeder schon einmal erlebt hat: das Gefühl, eine bestimmte Situation oder einen Moment bereits einmal erlebt oder gesehen zu haben, obwohl man weiß, dass es unmöglich ist. Dieses kurze und intensive Empfinden tritt ohne Vorwarnung auf und hinterlässt ein Gefühl von Verwirrung und Unwirklichkeit. Wissenschaftlich wird das Phänomen meist als eine Art Fehlfunktion im Gehirn interpretiert, eine Art „Doppelspeicherung" der aktuellen Erfahrung, bei der die Erinnerung an das Erlebte beinahe gleichzeitig mit dem eigentlichen Erleben gespeichert wird. Doch in der Theorie einer simulierten Realität könnte ein Déjà-vu mehr sein als nur eine Gehirnstörung – es könnte ein Hinweis auf einen „Systemfehler" in der Matrix sein.
In der Simulationstheorie wird oft angenommen, dass unsere Realität ein Programm ist, das auf unzähligen Regeln und Berechnungen basiert, ähnlich wie eine komplexe Software oder ein Videospiel. Wenn diese Simulation kleine Fehler oder Unregelmäßigkeiten aufweist – ähnlich wie Bugs in Computersystemen – könnten diese Fehler für uns als kurze Verwirrungen oder seltsame Wiederholungen erscheinen. So wie ein Videospiel manchmal Texturen oder Ereignisse versehentlich dupliziert, könnte auch die Matrix gelegentlich dasselbe Ereignis zweimal laden oder eine falsche Erinnerung einspielen.

Stellen Sie sich eine virtuelle Realität vor, in der ein Programmierfehler einen Moment dupliziert oder leicht abändert, sodass die Spieler das Gefühl haben, diesen Moment bereits einmal erlebt zu haben. In der Theorie der Simulation wäre ein Déjà-vu genau das: ein kleiner Fehler im System, eine ungewollte Wiederholung eines bereits abgelaufenen Prozesses. Manche Simulationstheoretiker gehen sogar so weit zu behaupten, dass Déjà-vus winzige „Neuladen" oder „Resets" sind, bei denen die Matrix versucht, einen Fehler im Programm unauffällig zu beheben, ohne dass die Beobachter es merken. Ein weiteres interessantes Phänomen, das in diese Theorie passt, ist der sogenannte Mandela-Effekt. Dieser Begriff beschreibt die kollektive Erinnerung vieler Menschen an Ereignisse, die in Wirklichkeit nie stattgefunden haben oder die sich in wesentlichen Details anders zugetragen haben. Ein bekanntes Beispiel ist die Erinnerung zahlreicher Menschen an den Tod Nelson Mandelas in den 1980er Jahren, obwohl er tatsächlich 2013 verstarb. Oder die unterschiedlichen Erinnerungen an den Schriftzug bestimmter Markenprodukte, die für viele Menschen so prägnant sind, dass sie nicht glauben können, sich zu irren. Der Mandela-Effekt könnte, ähnlich wie das Déjà-vu, auf eine Art „Datenfehler" in der Matrix hindeuten, bei dem kollektive Erinnerungen verändert oder korrigiert wurden, ohne dass das Programm die „originale Version" löschen konnte.

Für Simulationstheoretiker sind Déjà-vus und der Mandela-Effekt interessante Hinweise darauf,

dass unsere Realität vielleicht nicht so „perfekt"
ist, wie sie erscheint. In einer realen Welt, die den
strengen Naturgesetzen folgt, sollte es keine
kollektiven Fehleinschätzungen oder falschen
Erinnerungen geben, die sich über größere
Bevölkerungsgruppen erstrecken. Wenn wir in
einer Simulation leben, könnte es jedoch sein,
dass die Programmierer oder das System selbst
gelegentlich Anpassungen oder „Updates"
vornehmen, die unvorhergesehene Effekte auf
das kollektive Gedächtnis haben.
Das Déjà-vu könnte dabei als eine Art „Mikro-
Reset" der Matrix verstanden werden – eine
kleine Korrektur im System, die unser Bewusstsein
kurz verwirrt, aber das Gesamtsystem stabilisiert.
Wenn unsere Realität tatsächlich auf einer Art
Simulation basiert, könnten solche kleinen
„Glitches" Hinweise darauf sein, dass unsere Welt
mehr als eine bloße physische Realität ist.

Kapitel 4: Die Planck-Länge – Die kleinsten „Pixel" der Realität

In der Welt der Physik gibt es eine bestimmte Größe, die als die kleinste Maßeinheit im Universum gilt: die Planck-Länge. Diese winzige Einheit misst etwa $1,6 \times 10^{-35}$ Meter und markiert eine Art „Grenze", unterhalb derer es physikalisch unmöglich ist, etwas noch Kleineres zu messen oder zu definieren. Jenseits der Planck-Länge verlieren Raum und Zeit, wie wir sie kennen, ihre Bedeutung, und die klassischen Gesetze der Physik gelten nicht mehr.
Die Vorstellung, dass es eine minimale, nicht weiter teilbare Größe gibt, erinnert verblüffend an das Konzept der Pixel in einem digitalen Bild. In einem Computerspiel oder Bildschirmsystem besteht die Darstellung aus einzelnen Pixeln, die die kleinste Auflösungseinheit bilden. Alles, was auf dem Bildschirm sichtbar ist, kann bis zu diesen Pixeln heruntergebrochen werden – kleiner als ein Pixel ist die Darstellung nicht möglich. Ebenso scheint die Planck-Länge das „Pixel" unseres Universums zu sein: ein kleinster „Baustein", der nicht weiter geteilt werden kann und der möglicherweise die Struktur einer programmierten Realität widerspiegelt.
Für Anhänger der Simulationstheorie bietet die Planck-Länge einen faszinierenden Hinweis darauf, dass unsere Realität durch eine Art von „Raster" oder „Gitter" strukturiert sein könnte, ähnlich wie ein digitales Bild. In einer Simulation könnte die Planck-Länge als kleinste „Informationseinheit" programmiert worden sein,

um sicherzustellen, dass die Realität bis zu einem bestimmten Maßstab kohärent bleibt, ohne dass das System unendlich viel Rechenleistung aufbringen muss. So wie ein Bild auf einem Bildschirm in Pixel zerlegt wird, könnte auch die physische Welt auf eine Art kleinster Einheiten oder „Datenpunkte" begrenzt sein, die nicht weiter verfeinert werden können.

Diese Idee wirft tiefgreifende Fragen auf: Wenn es eine „Endauflösung" für die Realität gibt, könnte dies ein Hinweis darauf sein, dass das Universum tatsächlich eine Simulation ist? In einem realen, unbegrenzten Raum würde es keine Notwendigkeit für eine minimale Größe wie die Planck-Länge geben – der Raum könnte theoretisch bis ins Unendliche geteilt werden. Doch in einer simulierten Realität würde eine solche Grenze sinnvoll erscheinen, um die Integrität und Effizienz des Systems zu gewährleisten.

Zusätzlich zur Planck-Länge existieren auch weitere sogenannte Planck-Einheiten, wie die Planck-Zeit, die kleinste messbare Zeiteinheit. Die Planck-Zeit definiert das kleinste Zeitintervall, das physikalisch sinnvoll ist, und beträgt etwa $5{,}39 \times 10^{-44}$ Sekunden. So wie die Planck-Länge die kleinste räumliche Einheit darstellt, so ist die Planck-Zeit die kleinste „Zeiteinheit" des Universums. Dies könnte darauf hindeuten, dass das Universum nicht nur räumlich, sondern auch zeitlich in minimale Abschnitte unterteilt ist, ähnlich wie die „Frames" in einem Film oder einer Simulation, die die Bewegung der dargestellten Welt Schritt für Schritt ablaufen lassen.

Die Idee, dass Raum und Zeit auf bestimmte Einheiten beschränkt sind, legt nahe, dass das Universum in diskreten, festgelegten Intervallen funktioniert – ähnlich wie ein digitales System, das keine kontinuierlichen, sondern nur endliche Einheiten kennt. Diese fundamentalen Grenzen lassen die Simulationstheorie umso plausibler erscheinen: Wenn das Universum tatsächlich eine programmierte Struktur hat, dann wäre es sinnvoll, dass es eine minimale Grenze für die Auflösung von Raum und Zeit gibt, die das System bewahrt und vor Überlastung schützt.

Die Planck-Einheiten könnten also mehr als nur physikalische Konstanten sein; sie könnten Hinweise auf die Architektur einer programmierten Realität sein. Wenn Raum und Zeit tatsächlich „aufgelöst" sind, so wie Pixel auf einem Bildschirm oder Frames in einem Videospiel, könnte dies ein Grundelement des „Codes" unseres Universums sein, das darauf hindeutet, dass die Welt um uns herum das Produkt eines gigantischen Programms ist – eine Matrix, die mit höchster Präzision, aber begrenzter Auflösung geschaffen wurde.

Kapitel 5: Lichtgeschwindigkeit als Begrenzung – Die maximale Verarbeitungsgeschwindigkeit der Realität

Die Lichtgeschwindigkeit von etwa 299.792 Kilometern pro Sekunde ist eine der fundamentalsten Konstanten des Universums. Seit Albert Einsteins Relativitätstheorie wissen wir, dass sich nichts schneller als das Licht bewegen kann und dass die Lichtgeschwindigkeit eine Art „Geschwindigkeitslimit" darstellt, das für alle Teilchen, Energieformen und Informationen gilt. Doch was bedeutet das? In einer realen Welt könnte man annehmen, dass die Geschwindigkeit für Materie und Energie theoretisch grenzenlos sein könnte. Die Existenz eines solchen Limits legt jedoch nahe, dass es eine inhärente Begrenzung in der Struktur des Universums selbst gibt.
Für Simulationstheoretiker ist die Lichtgeschwindigkeit ein weiterer möglicher Hinweis darauf, dass unsere Realität auf einer programmierten Basis funktionieren könnte. Sie argumentieren, dass die Lichtgeschwindigkeit als Begrenzung fungieren könnte, die das Universum „rechenbar" und kontrollierbar macht – ähnlich wie ein Computerprogramm eine maximale Verarbeitungsgeschwindigkeit für Daten hat, um das System vor Überlastung zu schützen. Diese Grenze könnte also eine programmierte Beschränkung sein, die sicherstellt, dass die Informationen und Objekte im Universum innerhalb einer festgelegten Geschwindigkeit verarbeitet werden.

Stellen Sie sich vor, unser Universum wäre ein gigantisches Simulationsprogramm, das alle Informationen und Ereignisse innerhalb bestimmter Parameter berechnet. Die Begrenzung der Lichtgeschwindigkeit könnte als ein „Leistungsbegrenzungssystem" eingeführt worden sein, um sicherzustellen, dass das Universum ein stabil laufendes, kohärentes System bleibt. Ohne eine solche Grenze könnten Information und Energie sich unendlich schnell bewegen, was die Berechnungen der Simulation verkomplizieren oder unmöglich machen würde. Die Lichtgeschwindigkeit könnte daher so etwas wie die maximale „Taktrate" der Matrix sein, vergleichbar mit der Taktfrequenz eines Prozessors in einem Computer, die das Tempo der Verarbeitung bestimmt.

Ein weiterer Aspekt, der für Simulationstheoretiker faszinierend ist, ist der Effekt, den die Lichtgeschwindigkeit auf Raum und Zeit hat. Je schneller sich ein Objekt bewegt, desto mehr verlangsamt sich die Zeit für dieses Objekt relativ zu einem stationären Beobachter. Diese sogenannte Zeitdilatation ist nicht nur ein theoretischer Effekt, sondern wurde durch zahlreiche Experimente bestätigt. Objekte, die sich nahezu mit Lichtgeschwindigkeit bewegen, erfahren eine Art „Zeitstopp". Wenn wir das Universum als eine Simulation betrachten, könnte die Zeitdilatation eine zusätzliche Schutzfunktion sein, die sicherstellt, dass sich keine Information schneller als die Lichtgeschwindigkeit bewegt und das System destabilisiert.

Könnte die Lichtgeschwindigkeit also nicht nur ein physikalisches Gesetz, sondern auch eine programmierte Funktion sein, die das Universum vor einer Überlastung schützt? In einem Computersystem verhindert die Begrenzung der Rechenkapazität Überhitzung und Systemabstürze. Die Lichtgeschwindigkeit könnte eine ähnliche Funktion in unserem Universum erfüllen, um eine stabile, kohärente Realität zu gewährleisten, die mit den Prinzipien der Programmierbarkeit und Effizienz im Einklang steht.

Ein weiteres faszinierendes Gedankenexperiment in diesem Zusammenhang ist die Frage, was passieren würde, wenn die Lichtgeschwindigkeit „angehoben" würde. Würde das Universum instabil werden? In einer Simulation könnten solche Veränderungen zu einer Art „Lag" führen, in dem das System nicht in der Lage wäre, Ereignisse und Informationen rechtzeitig zu verarbeiten. Simulationstheoretiker argumentieren, dass die Lichtgeschwindigkeit genau so programmiert wurde, dass das Universum perfekt funktioniert, ohne dass es „Hänger" oder ungewollte Verzögerungen gibt. In einem Universum ohne Lichtgeschwindigkeitsgrenze könnte Information ohne jegliche Verzögerung übertragen werden, was das Konzept von Raum und Zeit so wie wir es kennen, auflösen würde. Doch die Tatsache, dass das Universum an eine maximale Geschwindigkeit gebunden ist, legt nahe, dass dies eine eingebaute Regel ist, die eine kontrollierte, funktionierende Realität sicherstellt –

ein weiterer Hinweis darauf, dass unsere Realität
möglicherweise eher programmiert ist als zufällig
entstanden.

Kapitel 6: Das Goldene Verhältnis und die Symmetrie der Natur

In der Natur existieren bestimmte mathematische Muster und Proportionen, die sich in zahlreichen Formen und Strukturen wiederfinden – und eine dieser faszinierenden Konstanten ist das Goldene Verhältnis. Das Goldene Verhältnis, dargestellt durch die Zahl Phi (ungefähr 1,618), beschreibt eine perfekte Proportion, die sich in den verschiedensten Bereichen der Natur, Kunst und Architektur findet. Von der Spirale der Galaxien und der Form von Muscheln bis hin zur Struktur von Blättern und den Proportionen des menschlichen Körpers – das Goldene Verhältnis taucht immer wieder auf.

Dieses universelle Muster gibt uns einen weiteren möglichen Hinweis auf die Programmierung unserer Realität. Wenn wir uns die Natur als eine Art „Code" vorstellen, dann könnte das Goldene Verhältnis eine Art Baustein oder Formel innerhalb dieser Struktur sein, der das Design und die Harmonie in der natürlichen Welt aufrechterhält. Anhänger der Simulationstheorie argumentieren, dass das Vorhandensein eines solch universellen Musters darauf hindeuten könnte, dass unsere Welt nach bestimmten ästhetischen und mathematischen Prinzipien erschaffen wurde – wie eine Simulation, die von einer programmierten Formel bestimmt wird, um maximale Schönheit und Symmetrie zu gewährleisten.

In einem Computersystem würde das Goldene Verhältnis als eine Art Code oder eine Funktion eingebaut sein, die bestimmte Objekte und Strukturen automatisch harmonisch und ästhetisch ansprechend macht. Tatsächlich wird das Goldene Verhältnis in der modernen Computergrafik und im Design verwendet, um ein optisch angenehmes Ergebnis zu erzielen. Wenn also in der realen Welt eine so perfekte Proportion auf natürliche Weise erscheint, könnte das ein Hinweis darauf sein, dass auch unser Universum auf ähnlichen Prinzipien und „Programmen" basiert.

Ein weiteres faszinierendes Beispiel ist die Fibonacci-Folge, eine Zahlenreihe, in der jede Zahl die Summe der beiden vorhergehenden ist (1, 1, 2, 3, 5, 8, 13 usw.). Diese Zahlenfolge ist eng mit dem Goldenen Verhältnis verbunden und taucht ebenfalls in vielen natürlichen Mustern auf, etwa in der Anordnung von Blättern, der Struktur von Tannenzapfen und dem Aufbau von Blüten. Die Tatsache, dass solche mathematischen Sequenzen immer wieder in der Natur auftauchen, wirkt fast so, als ob sie ein Grundgerüst oder eine Art „Formelsatz" der Realität sind – eine programmierte Struktur, die das Wachstum und die Form von Lebewesen und Pflanzen in einer ästhetisch ansprechenden Weise definiert.

Simulationstheoretiker sehen das Goldene Verhältnis und die Fibonacci-Folge als Hinweise auf die algorithmische Natur unseres Universums. Wenn unser Universum wirklich eine Simulation ist, dann könnten diese Muster und Proportionen als „Standardeinstellungen" im „Programm" der Realität eingebaut sein, um das Gleichgewicht und die Harmonie zu bewahren. Die Ästhetik der Natur könnte somit keine zufällige Laune des Universums sein, sondern das Ergebnis einer programmatischen Struktur, die darauf ausgelegt ist, die Realität in einem bestimmten Muster zu gestalten.

Diese mathematischen Prinzipien erinnern an die „Codes" und „Skripte", die in digitalen Simulationen verwendet werden, um automatisch Schönheit und Harmonie zu erzeugen. Wenn ein Programmierer ein Videospiel oder eine virtuelle Welt erstellt, können solche Proportionen und Muster absichtlich in den Code integriert werden, um eine ästhetisch ansprechende und funktionale Umgebung zu schaffen. Auf ähnliche Weise könnte das Universum auf der Basis solcher Muster „programmiert" sein, um Stabilität, Symmetrie und Anziehungskraft in allen Dingen zu gewährleisten.

Das Goldene Verhältnis und die Fibonacci-Folge sind nicht die einzigen mathematischen Muster, die in der Natur auftreten. Auch Fraktale, komplexe Muster, die sich auf immer kleineren Maßstäben wiederholen, tauchen überall in der Natur auf – in der Struktur von Wolken, Bergen, Flüssen und sogar in der Verteilung von Galaxien im Universum. Diese Wiederholungen wirken wie eine Art „Code", der in verschiedenen Maßstäben immer wieder neu berechnet wird, um ein konsistentes, harmonisches Bild zu erzeugen.

Die Existenz solcher Muster wirft die Frage auf, ob die Natur möglicherweise durch bestimmte

„Regeln" oder „Algorithmen" gestaltet ist, die
darauf abzielen, eine strukturierte und ästhetisch
ansprechende Realität zu schaffen. Die
Simulationstheorie schlägt vor, dass solche
Regeln nicht nur zufällige Gegebenheiten sind,
sondern absichtlich im „Programmcode" des
Universums integriert wurden, um sicherzustellen,
dass die Realität so „funktioniert" und „aussieht",
wie wir sie kennen.

Kapitel 7: Fraktale Muster – Selbstähnlichkeit und endlose Wiederholung in der Natur

Ein weiteres faszinierendes Konzept, das die Möglichkeit einer programmierten Realität stützt, ist das Auftreten von Fraktalen in der Natur. Fraktale sind geometrische Formen, die auf immer kleineren Maßstäben ähnliche oder identische Muster wiederholen. Diese endlose Wiederholung von Formen ist nicht nur ein mathematisches Konzept, sondern findet sich auch in der Natur, zum Beispiel in der Struktur von Bäumen, Wolken, Küstenlinien, Flüssen und sogar in den Verästelungen unserer Lungen und Blutgefäße. Die selbstähnliche Struktur von Fraktalen sorgt für eine verblüffende Harmonie und zeigt, wie bestimmte Formen und Muster auf allen Ebenen der Realität erhalten bleiben. Fraktale erinnern stark an das Prinzip des Code-Recyclings in der Programmierung. In einer Simulation oder einem Computersystem wird eine Funktion oder ein Code oft mehrfach verwendet, um Effizienz und Konsistenz zu gewährleisten. Simulationstheoretiker argumentieren, dass Fraktale ein Hinweis darauf sein könnten, dass das Universum auf ähnliche Weise strukturiert ist. Wenn das Universum eine Simulation ist, könnten Fraktale eine Art „Schleifenbefehl" oder ein Grundalgorithmus darstellen, der bestimmte Strukturen immer wieder neu erzeugt, unabhängig vom Maßstab.
Stellen Sie sich vor, das Universum würde auf einem einfachen Prinzip basieren, das sich immer wieder selbst „abruft", um komplexe Strukturen zu

schaffen. Dies würde erklären, warum wir in der Natur oft auf dieselben Muster stoßen, sei es in den Formen von Flüssen, Bergen oder Pflanzen. Ein Beispiel ist der Romanesco-Brokkoli, dessen Blütenstände in einer fraktalen Struktur wachsen. Jeder kleinere Teil sieht aus wie eine Miniaturversion des Ganzen, und diese selbstähnliche Geometrie wiederholt sich auf immer kleineren Maßstäben. Wenn das Universum tatsächlich programmiert ist, könnte der Einsatz von Fraktalen eine Methode sein, um endlose Details und Strukturen zu erzeugen, ohne dass unendlich viel Rechenleistung erforderlich ist. Fraktale zeigen uns auch eine faszinierende Eigenschaft der Natur: die Fähigkeit, mit relativ einfachen Regeln hochkomplexe Systeme zu schaffen. In der Mathematik kann eine fraktale Struktur durch eine einfache Gleichung erzeugt werden, die unendlich oft angewendet wird, wodurch ein scheinbar komplexes, aber letztlich einfaches Muster entsteht. Wenn das Universum auf ähnlichen Prinzipien basiert, könnte dies darauf hindeuten, dass das „Programm" der Realität aus einer begrenzten Anzahl von Algorithmen besteht, die jedoch in einer Art Schleifenprozess unendliche Komplexität erzeugen.

Ein weiteres faszinierendes Beispiel für Fraktale findet sich im Verhalten von Galaxien und der Struktur des Universums im großen Maßstab. Untersuchungen der Verteilung von Galaxien zeigen Muster, die denen von Fraktalen ähnlich sind. Die Galaxien scheinen sich nicht zufällig zu verteilen, sondern in einer Struktur, die selbstähnlich ist und auf immer größeren Maßstäben wiederholt wird. Das Universum scheint eine „fraktale" Ordnung zu besitzen, die bis an die Grenzen des Sichtbaren reicht und möglicherweise auch darüber hinaus. Simulationstheoretiker interpretieren diese universelle Selbstähnlichkeit als möglichen Beweis dafür, dass das Universum nach programmatischen Regeln organisiert ist. In einer Simulation könnte die Verwendung von Fraktalen nicht nur eine effiziente Möglichkeit sein, komplexe Strukturen zu schaffen, sondern auch ein Weg, Konsistenz und Ordnung in das System zu bringen. Anstatt jeden Baum, jedes Gebirge und jede Wolke individuell zu gestalten, könnte ein grundlegender Algorithmus verwendet werden, der diese Strukturen selbstähnlich gestaltet, sodass die Simulation kohärent bleibt und einheitlich wirkt.

Fraktale könnten demnach ein Hinweis darauf sein, dass die Realität auf Code-ähnlichen Strukturen basiert, die sich immer wieder auf verschiedenen Maßstäben wiederholen. Dies würde es der Simulation ermöglichen, eine scheinbar endlose Vielfalt an Strukturen und Formen zu erzeugen, ohne dass das System mit individuellen Informationen für jedes einzelne Objekt belastet wird. So könnte das Universum, wie wir es wahrnehmen, eine Art fraktale „Codewelt" sein, die mit einfachen Regeln und unendlicher Wiederholung eine komplexe, aber programmierte Realität schafft.

Kapitel 8: Kollektive Erinnerungen und der Mandela-Effekt – Hinweise auf veränderte „Daten" in der Realität

Ein weiteres faszinierendes Phänomen, das die Simulationstheorie unterstützt, ist der sogenannte Mandela-Effekt. Dieser Begriff beschreibt kollektive Erinnerungen an Ereignisse, die entweder gar nicht oder anders stattgefunden haben sollen. Das bekannteste Beispiel ist der vermeintliche Tod Nelson Mandelas in den 1980er Jahren. Viele Menschen erinnern sich genau daran, dass Mandela damals starb, obwohl er tatsächlich erst 2013 verstarb. Weitere Beispiele sind das Buch „Berenstain Bears" (das viele als „Berenstein Bears" erinnern) oder der berühmte Ausspruch „Luke, ich bin dein Vater" aus „Star Wars", der in Wirklichkeit „Nein, ich bin dein Vater" lautet.
Der Mandela-Effekt wirft die Frage auf, wie es sein kann, dass eine große Anzahl von Menschen dasselbe „falsch" erinnert. Wenn sich das Phänomen auf vereinzelte Fehlwahrnehmungen beschränken würde, könnte man es als Verwechslung oder als Folge des Einflusses von Medien und sozialer Beeinflussung erklären. Doch die Tatsache, dass Menschen unabhängig voneinander dieselbe fehlerhafte Erinnerung haben, lässt darauf schließen, dass etwas Tieferes im Spiel sein könnte. Simulationstheoretiker interpretieren den Mandela-Effekt als potenziellen Hinweis darauf, dass unsere Realität veränderlich ist und dass „Daten" in unserer Simulation nachträglich modifiziert werden könnten.

In der Welt der Computersimulationen und Datenbanken gibt es das Konzept von „Versionen" und „Datenupdates". Wenn eine Datei verändert wird, können frühere Versionen überschrieben oder angepasst werden. In einer simulierten Realität könnte es sein, dass bestimmte Informationen, Objekte oder Ereignisse nachträglich geändert oder „überschrieben" werden, aus welchen Gründen auch immer. Der Mandela-Effekt könnte somit auf eine Art „Datenkorrektur" im System hinweisen, bei der Erinnerungen von Ereignissen nicht vollständig „aktualisiert" wurden, sodass manche Menschen die alte Version beibehalten.

Stellen Sie sich vor, dass eine Simulation regelmäßig „Updates" durchführt, bei denen bestimmte Details in der Welt verändert werden. Normalerweise wäre dieses Update vollständig, und alle simulierten „Teilnehmer" würden die neue Realität akzeptieren. Doch gelegentlich könnte es passieren, dass das Update nicht vollständig greift oder dass bestimmte Individuen für kurze Zeit auf die alte Version zugreifen können. Dies könnte erklären, warum eine große Gruppe von Menschen dasselbe Ereignis anders erinnert, als es tatsächlich stattgefunden haben soll.

Simulationstheoretiker argumentieren, dass der Mandela-Effekt auf eine Art „Backup-System" in der Matrix hinweisen könnte, das von Zeit zu Zeit fehlerhafte Daten wiederherstellt oder bestimmte „Fehler" korrigiert. In der Informatik kann es vorkommen, dass Daten in einer Datenbank fehlerhaft gespeichert oder dupliziert werden,

wodurch unterschiedliche Versionen desselben
Ereignisses entstehen. Wenn unsere Realität eine
Simulation ist, könnte der Mandela-Effekt das
Resultat eines ähnlichen Fehlers oder Updates
sein, der zu widersprüchlichen Erinnerungen führt.
Zusätzlich zum Mandela-Effekt gibt es andere
kollektive Erinnerungen und Synchronizitäten, die
Menschen erleben, die ebenfalls Hinweise auf
eine veränderliche Realität liefern könnten. Viele
Menschen haben das Gefühl, dass bestimmte
Ereignisse, Wörter oder Begegnungen eine
„Bedeutung" haben, die über das Zufällige
hinausgeht. Diese synchronen Erlebnisse könnten
in einer simulierten Realität das Ergebnis von
kleinen Anpassungen sein, bei denen bestimmte
Ereignisse zu bestimmten Zeiten „eingespielt"
werden, um den Verlauf der Simulation zu
beeinflussen oder eine gewünschte Richtung zu
lenken.
Der Mandela-Effekt und kollektive Erinnerungen
werfen die Frage auf, ob wir in einer Realität
leben, die nicht so fest und unveränderlich ist, wie
sie scheint. In einer Simulation könnte es ein
ständiges Anpassen und Aktualisieren der
„Daten" geben, und Menschen würden
gelegentlich die Auswirkungen dieser Updates
wahrnehmen, ohne zu verstehen, warum ihre
Erinnerungen sich von den dokumentierten
Fakten unterscheiden. Dies eröffnet die
Möglichkeit, dass das Universum kein statisches
System ist, sondern eine flexible, dynamische
Matrix, in der die Realität angepasst, korrigiert
und verändert wird – möglicherweise, um ein

bestimmtes Ergebnis zu erzielen oder eine Illusion
von Konsistenz aufrechtzuerhalten.

Kapitel 9: Träume und alternative Realitäten – Parallele Welten in der Matrix?

Träume haben die Menschheit seit jeher fasziniert und inspiriert. In Träumen erleben wir Welten, die sich lebensecht anfühlen und dennoch seltsam verzerrt erscheinen, voller unerklärlicher Logik und Symbolik. Für Simulationstheoretiker sind Träume mehr als nur Hirnaktivitäten, die Erinnerungen und Emotionen verarbeiten; sie könnten ein Hinweis darauf sein, dass unsere Realität nicht die einzige ist und dass das Bewusstsein zwischen verschiedenen Ebenen oder Simulationen hin- und herspringen kann.

In der Simulationstheorie stellt sich die Frage, ob Träume Fenster zu anderen „Parallelrealitäten" sind, die in derselben Matrix existieren oder vielleicht sogar alternative Versionen unserer eigenen Welt darstellen. Wenn unsere Realität eine Simulation ist, könnten Träume eine Art „Beta-Versionen" sein, in denen unser Gehirn Simulationen oder Szenarien durchläuft, die in der „Hauptsimulation" nicht zugänglich sind. Man könnte sich das wie unterschiedliche „Server" oder „Sessions" in einem Computerspiel vorstellen, auf die unser Bewusstsein zugreifen kann, während unser Körper ruht.

Eine Theorie besagt, dass das Gehirn während des Schlafs in eine Art „Synchronisierungsmodus" übergeht, in dem es verschiedene Bewusstseinsebenen durchläuft. In diesem Zustand könnten wir – so spekulieren Simulationstheoretiker – Zugang zu parallelen Realitäten erhalten, in denen alternative

Versionen unserer selbst existieren. In solchen
Parallelwelten könnten wir andere
Entscheidungen treffen, andere Erfahrungen
machen und sogar auf Informationen zugreifen,
die im „Wachzustand" nicht verfügbar sind. Diese
Art von Theorie legt nahe, dass Träume eine Art
Training oder „Simulationsfenster" sein könnten, in
dem das Gehirn auf erweiterte Daten zugreift, die
normalerweise im Alltag blockiert sind.
Ein weiteres faszinierendes Element in der
Traumtheorie ist das Konzept von
wiederkehrenden Träumen oder fortlaufenden
Traumwelten. Manche Menschen berichten, dass
sie in ihren Träumen immer wieder an denselben
Ort zurückkehren oder fortlaufende Erlebnisse
haben, die sich über Monate oder sogar Jahre
erstrecken. In der Simulationstheorie könnten
solche wiederkehrenden Traumszenarien ein
Hinweis darauf sein, dass das Bewusstsein Zugang
zu bestimmten „Datenbanken" oder parallelen
Simulationen erhält, die kontinuierlich bestehen,
unabhängig davon, ob wir gerade träumen oder
wach sind.
Ein Traum könnte in diesem Fall nicht nur ein
flüchtiges Erlebnis sein, sondern ein echtes
„Login" in eine andere Simulation, in der wir einen
alternativen „Avatar" spielen oder eine andere
Version unseres Lebens erleben. Vielleicht gibt es
in der Matrix unzählige dieser parallelen
Simulationen, die in den Hintergrundprozessen
ablaufen, und das Bewusstsein springt während
des Schlafs zufällig von einer zur nächsten,
ähnlich wie eine KI in verschiedenen

Testumgebungen unterschiedliche Szenarien
durchläuft.

Träume könnten somit eine Art „Zwischenraum" in
der Matrix sein, in dem das Bewusstsein außerhalb
der Hauptsimulation operiert und experimentiert.
Dies könnte auch erklären, warum viele
Menschen in Träumen Erlebnisse und Fähigkeiten
haben, die sie im Wachzustand nicht besitzen,
wie zum Beispiel Fliegen, Teleportation oder das
Überwinden physikalischer Grenzen. In einem
Testumfeld könnte das Gehirn auf solche
Möglichkeiten zugreifen, um die Grenzen des
Bewusstseins und des Potenzials zu erforschen.
Träume könnten daher ein bedeutender Hinweis
darauf sein, dass unsere Realität nicht die einzige
Dimension innerhalb der Matrix ist und dass unser
Bewusstsein möglicherweise ein „Mehrspieler-
Account" ist, der auf verschiedene Simulationen
zugreift. Träume könnten uns einen Blick hinter
den Schleier ermöglichen, in eine Parallelwelt der
Matrix, die uns zeigt, dass unsere Vorstellung von
Realität möglicherweise vielschichtiger und
flexibler ist, als wir ahnen.

Kapitel 10: Déjà-vus als „Glitches" im System – Hinweise auf Anomalien in der Matrix

Das Phänomen des Déjà-vus ist für viele Menschen eines der rätselhaftesten Erlebnisse. Ein Déjà-vu vermittelt das Gefühl, einen Moment bereits genau so erlebt zu haben, obwohl man weiß, dass dies eigentlich nicht sein kann. Diese kurzen, intensiven Augenblicke, in denen man sich sicher ist, das aktuelle Geschehen schon einmal gesehen oder durchlebt zu haben, lassen sich durch die Neurowissenschaft nur schwer eindeutig erklären. Für Anhänger der Simulationstheorie jedoch könnten Déjà-vus Hinweise auf Anomalien in unserer Realität sein – sogenannte „Glitches" im System. Simulationstheoretiker stellen sich vor, dass Déjà-vus eine Art kleiner „Systemfehler" sind, die auftreten, wenn die Simulation für einen Moment nicht nahtlos funktioniert. Solche Fehler könnten entstehen, wenn das System versucht, eine große Menge an Informationen gleichzeitig zu verarbeiten, beispielsweise bei einer hohen „Datenlast", die durch viele parallele Ereignisse und Beobachtungen verursacht wird. In solchen Momenten könnte es zu einer minimalen Wiederholung oder „Verdopplung" einer Szene kommen, was von unserem Bewusstsein als Déjà-vu wahrgenommen wird.

Ein Déjà-vu könnte also ein Moment sein, in dem die Matrix sozusagen „nachlädt" oder einen Vorgang wiederholt. Simulationen und Videospiele haben oft ähnliche „Lag"-Effekte, wenn zu viele Daten verarbeitet werden müssen oder das Programm temporär überlastet ist. So könnte unser Bewusstsein in diesem Moment einen kurzen Aussetzer oder Wiederholung erleben, ähnlich wie in einem Computerspiel, das ins Stocken gerät. In einer simulierten Realität könnte dies bedeuten, dass die Matrix gelegentlich „Neuberechnungen" vornimmt, wodurch die Realität kurzzeitig überlagert oder dupliziert erscheint.

Ein weiteres interessantes Detail ist, dass viele Menschen Déjà-vus als sehr realitätsnahe Empfindungen beschreiben, als wären sie für einen Moment „neben" der Zeit gestanden. Die Empfindung eines Déjà-vus wirkt oft surreal und führt manchmal zu einem Gefühl der Unwirklichkeit. Dies könnte darauf hindeuten, dass das Bewusstsein in diesem Moment die „Kollision" zweier ähnlicher Realitätsebenen wahrnimmt. Einige Simulationstheoretiker vermuten, dass es sich bei Déjà-vus um Momente handelt, in denen der Code der Matrix anpasst oder neu geschrieben wird, und das Bewusstsein für einen winzigen Moment zwei unterschiedliche „Versionen" der Realität parallel wahrnimmt.

Eine weiterführende Theorie legt nahe, dass Déjà-vus auch Hinweise auf parallele Realitäten oder alternative Simulationen sein könnten. So wie es in einem Computersystem mehrere „Sitzungen" oder „Instanzen" geben kann, könnte es sein, dass das Bewusstsein gelegentlich eine alternative Version eines ähnlichen Szenarios durchlebt, das in einer Parallelwelt oder einer anderen Simulation bereits stattgefunden hat. Dies würde bedeuten, dass das Déjà-vu nicht nur ein Fehler im Programm ist, sondern vielmehr eine Art von „Überschneidung" zwischen verschiedenen Ebenen der Matrix, die für einen kurzen Augenblick ineinanderfließen. Simulationstheoretiker interpretieren das Déjà-vu daher als eine Art „Warnsignal" der Matrix, das uns zeigt, dass die Realität nicht so stabil ist, wie sie scheint. Es könnte uns einen kurzen Blick hinter den Schleier der Simulation ermöglichen und uns daran erinnern, dass das Universum möglicherweise auf einer Art Software basiert, die gelegentlich „nachbessert" oder „repariert" werden muss, um das System stabil zu halten. Falls Déjà-vus tatsächlich als Hinweise auf kleine Systemfehler oder Überlappungen zwischen parallelen Simulationen interpretiert werden können, könnte dies bedeuten, dass unsere Realität flexibler und dynamischer ist, als wir glauben. Das Déjà-vu wäre dann ein flüchtiger Moment, in dem wir uns bewusst werden, dass die Realität manipuliert oder bearbeitet wird und dass das Universum eine komplexe Struktur aus „Schichten" und alternativen Realitäten umfasst.

Kapitel 11: Der Einfluss des freien Willens – Sind unsere Entscheidungen vorprogrammiert?

Eine der grundlegendsten Fragen des menschlichen Daseins ist die nach dem freien Willen: Haben wir wirklich die Freiheit, eigene Entscheidungen zu treffen, oder ist unser Verhalten von vornherein festgelegt? Für die Simulationstheorie ist dies eine zentrale Frage, da sie die Möglichkeit aufwirft, dass alle unsere Handlungen und Entscheidungen Teil eines vorprogrammierten Plans oder „Skripts" sein könnten. Wenn wir in einer Matrix leben, könnte es sein, dass unser vermeintlich freier Wille und die Entscheidungen, die wir täglich treffen, tatsächlich durch den Code der Simulation beeinflusst oder sogar vollständig vorherbestimmt sind.

Viele Anhänger der Simulationstheorie vermuten, dass der freie Wille in einer programmierten Realität entweder eine Illusion ist oder zumindest stark eingeschränkt wird. Ein Vergleich lässt sich mit den Figuren in einem Videospiel ziehen: Ein Avatar im Spiel bewegt sich, entscheidet und reagiert, doch seine „Freiheit" ist durch die Programmlogik und die Regeln der Spielwelt stark eingeschränkt. Er kann nur in den vom Entwickler vorgesehenen Bahnen handeln und bleibt in einem begrenzten System gefangen, in dem alle Optionen durch den Code vorgegeben sind.

Ein ähnliches Szenario könnte für die Menschen in einer simulierten Realität gelten. Simulationstheoretiker stellen sich vor, dass unser Bewusstsein in bestimmten Bahnen verläuft, die festgelegt sind, und dass unsere Entscheidungen von subtilen Einflüssen der Matrix gesteuert oder zumindest beeinflusst werden. Wenn das Universum eine Simulation ist, könnten unzählige Mikroprozesse im Hintergrund ablaufen, die uns in bestimmten Situationen zu vorherbestimmten Entscheidungen drängen, indem sie Emotionen, Erinnerungen oder Gedanken auslösen, die uns in eine bestimmte Richtung lenken.

Es gibt sogar Hinweise darauf, dass das Gehirn Entscheidungen bereits trifft, bevor wir uns dieser bewusst werden. Neurowissenschaftliche Experimente haben gezeigt, dass Aktivität im Gehirn oft schon Sekundenbruchteile vor der bewussten Entscheidung des Individuums messbar ist. Diese Art von Forschungsergebnissen lässt vermuten, dass die „Freiheit" unserer Entscheidungen begrenzt oder vorgeformt sein könnte und dass das Bewusstsein erst dann auf eine Entscheidung zugreift, wenn sie im Gehirn bereits getroffen wurde. Simulationstheoretiker deuten dies als Hinweis darauf, dass unsere Entscheidungen möglicherweise von einer programmierten Struktur oder einer Art „Algorithmus" beeinflusst werden, der unbewusst arbeitet und unser Verhalten steuert.

In einer simulierten Realität könnte der freie Wille eine Art „Kontrollmechanismus" sein, der dazu dient, uns das Gefühl von Unabhängigkeit und Autonomie zu geben, während die Matrix im Hintergrund die wesentlichen Bahnen unseres Lebens lenkt. Die Entscheidungen, die wir für frei halten, könnten in Wirklichkeit durch einen „Hintergrundcode" gesteuert werden, der bestimmte Parameter und Variablen festlegt, um sicherzustellen, dass wir uns in Übereinstimmung mit den Regeln der Simulation bewegen.

Ein weiteres faszinierendes Konzept ist die Vorstellung, dass der freie Wille in einer Simulation nicht völlig ausgeschaltet ist, sondern flexibel gehandhabt wird. Die Matrix könnte bestimmte Freiräume für individuelle Entscheidungen bieten, diese jedoch auf festgelegte Muster und Optionen beschränken. Dies wäre vergleichbar mit einem Open-World-Videospiel, in dem der Spieler zwar viele Optionen hat, aber dennoch innerhalb einer vordefinierten Welt und Storyline agiert. In einem solchen Szenario könnten unsere Entscheidungen zwar scheinbar individuell sein, sie wären jedoch innerhalb bestimmter Grenzen beschränkt und würden sich letztlich immer auf die vom System zugelassenen Möglichkeiten beschränken.

Wenn unsere Realität eine Simulation ist, könnte der freie Wille daher eher eine „Simulation des freien Willens" sein, eine Möglichkeit, uns das Gefühl der Kontrolle zu geben, während die wesentlichen Parameter unseres Lebens von außen festgelegt sind. Diese Vorstellung wirft eine tiefgreifende Frage auf: Wenn wir nicht wirklich frei sind, sondern nur innerhalb eines Systems von Optionen entscheiden, wie viel unserer Identität und unserer Persönlichkeit ist dann echt? Und könnte die Akzeptanz des freien Willens letztlich eine Illusion sein, die von der Matrix bewusst erzeugt wird, um uns in einem bestimmten Rahmen zu halten?

Der Einfluss des freien Willens in einer simulierten
Realität bleibt eines der tiefsten Mysterien und ist
ein Kernelement der Simulationstheorie. Wenn
der freie Wille eine Illusion ist, leben wir dann nicht
nur in einer programmierten Realität, sondern
auch in einem System, das uns kontinuierlich
davon überzeugt, dass wir Kontrolle über unser
Leben haben, während wir tatsächlich einem
festgelegten Muster folgen?

Kapitel 12: Synchronizitäten und bedeutungsvolle Zufälle – Geplante Ereignisse in der Matrix?

Das Phänomen der Synchronizität beschreibt das Auftreten von Zufällen, die so ungewöhnlich sind, dass sie fast schon einen tieferen Sinn oder eine Bedeutung haben. Ein Beispiel könnte der Gedanke an eine bestimmte Person sein, die dann wenige Minuten später anruft, oder das zufällige Aufeinandertreffen mehrerer Zeichen und Symbole, die alle auf dasselbe Thema hinweisen. Der Psychiater Carl Gustav Jung, der diesen Begriff prägte, betrachtete Synchronizitäten als bedeutungsvolle Koinzidenzen, die uns Hinweise auf verborgene Zusammenhänge und Muster im Leben geben. In der Simulationstheorie könnten Synchronizitäten eine viel größere Rolle spielen: Sie könnten Hinweise darauf sein, dass die Matrix bestimmte Ereignisse und Begegnungen bewusst steuert und orchestriert. Das Konzept der Synchronizität lässt sich mit „gescripteten" Ereignissen in Computerspielen vergleichen, bei denen bestimmte Aktionen oder Begegnungen programmiert sind, um der Handlung eine bestimmte Richtung zu geben oder dem Spieler entscheidende Informationen zu vermitteln. Anhänger der Simulationstheorie argumentieren, dass Synchronizitäten und scheinbar zufällige Begebenheiten Zeichen dafür sind, dass die Matrix solche „Geschehnisse" bewusst plant, um das Leben der simulierten Individuen in eine bestimmte Richtung zu lenken.

Stellen Sie sich vor, dass die Matrix bestimmte „Skripte" ablaufen lässt, die sicherstellen, dass bestimmte Personen, Ereignisse oder Ideen im richtigen Moment aufeinandertreffen. So könnten Synchronizitäten in der Simulation als Mechanismen fungieren, die uns in bestimmten Momenten zu neuen Erkenntnissen, Einsichten oder Entscheidungen führen sollen. Wenn jemand etwa gerade in einer schwierigen Lebensphase ist und plötzlich auf Bücher, Menschen oder Erfahrungen trifft, die ihm Antworten geben oder ihn inspirieren, könnte dies ein gezielt eingefügter „Code" sein, der diesen Impuls im richtigen Moment bereitstellt.

Ein weiteres Beispiel sind sich wiederholende Zahlenfolgen oder Zeichen, wie das wiederholte Auftauchen von „11:11" oder ähnlichen symbolischen Mustern, die viele Menschen als bedeutungsvoll empfinden. Für Simulationstheoretiker könnten solche Zeichen die „Markierungen" oder „Signale" der Matrix sein – eine Art versteckte Kommunikation, die das Bewusstsein auf bestimmte Dinge lenken soll. Diese Symbole und Zahlen könnten so programmiert sein, dass sie uns in bestimmten Momenten des Lebens auffallen, als ob die Matrix uns eine „Nachricht" übermittelt oder uns in eine bestimmte Richtung lenken möchte.

Synchronizitäten und bedeutungsvolle Zufälle könnten auch das Resultat eines Mechanismus sein, der dafür sorgt, dass die Simulation dynamisch bleibt und uns neue Wege und Perspektiven eröffnet, wenn wir feststecken oder auf der Suche nach neuen Antworten sind. In einem gut durchdachten Computerspiel oder einer Simulation könnten solche Momente programmiert sein, um den Spieler emotional zu berühren und ihn durch „Zufälle" auf neue Pfade zu bringen, die er sonst vielleicht nicht betreten hätte. Simulationstheoretiker sehen Synchronizitäten daher als „Werkzeuge der Matrix", die uns dazu bringen, bestimmte Entscheidungen zu treffen oder unsere Richtung zu ändern, und die verhindern, dass wir in starren Bahnen gefangen bleiben.

Wenn Synchronizitäten tatsächlich durch die Matrix gesteuert werden, stellt sich die Frage, ob das gesamte Leben eine Reihe solcher „Programme" ist, die in einer bestimmten Reihenfolge ablaufen und aufeinander abgestimmt sind. Dies würde bedeuten, dass nicht nur das große Bild – unser gesamtes Leben – eine geplante Struktur ist, sondern dass auch die kleinsten Details durch eine Art „Algorithmus" beeinflusst werden, der uns in eine gewünschte Richtung lenkt.

Für viele Simulationstheoretiker könnten Synchronizitäten und bedeutungsvolle Zufälle daher Indizien dafür sein, dass unsere Realität nicht zufällig und chaotisch ist, sondern dass ein bestimmter Plan oder eine Ordnung dahintersteht. Wenn die Matrix Synchronizitäten gezielt „programmiert", dann ist unser Leben möglicherweise eine Mischung aus vorherbestimmten Ereignissen und scheinbaren Zufällen, die uns leiten, formen und zum Nachdenken anregen sollen. Die Matrix könnte diese Ereignisse nicht nur einfügen, um uns in eine

bestimmte Richtung zu lenken, sondern auch, um
uns an ihre eigene Existenz zu erinnern – als ob sie
uns eine Ahnung davon geben möchte, dass das
Universum nicht nur ein endloser Raum, sondern
eine durchdachte und gesteuerte Simulation ist,
in der nichts wirklich zufällig geschieht.

Kapitel 13: Parallele Universen und das Multiversum – Alternative Realitäten in der Matrix

Die Idee paralleler Universen, die möglicherweise unabhängig voneinander existieren und unterschiedliche Versionen der Realität darstellen, fasziniert seit Langem die Wissenschaft und Philosophie. In der Simulationstheorie könnten parallele Universen tatsächlich alternative „Simulationen" oder „Versionen" derselben Matrix sein, in denen verschiedene Variablen und Entscheidungen zu unterschiedlichen Ergebnissen führen. Diese Parallelwelten könnten wie alternative „Server" in einem Spiel existieren, auf die unterschiedliche Versionen eines Individuums gleichzeitig zugreifen.

Das Konzept des Multiversums wirft die Frage auf, ob die Matrix in Wirklichkeit mehrere Simulationen betreibt, die alle verschiedene Möglichkeiten unseres Lebens widerspiegeln.

Simulationstheoretiker argumentieren, dass jede Entscheidung, die wir treffen, in einem parallelen Universum zu einer anderen Version unseres Lebens führt. Diese Welten könnten in der Matrix wie „Instanzen" existieren, in denen verschiedene Entscheidungen ausprobiert und getestet werden, ohne dass sich die Welten direkt berühren.

Stellen Sie sich vor, jeder bedeutende Moment in Ihrem Leben hätte mehrere alternative Versionen, die in parallelen Simulationen ablaufen. Diese Parallelwelten könnten exakt dieselben Menschen und Orte enthalten, jedoch unterschiedliche Wege aufzeigen, die von einer einzigen Entscheidung abweichen. In der Matrix wären diese Paralleluniversen wie verschiedene Szenarien, die gleichzeitig getestet werden, sodass das System eine „Aufzeichnung" aller möglichen Resultate hat. Simulationstheoretiker gehen davon aus, dass das Bewusstsein möglicherweise gelegentlich „durchschimmert" und kurze Eindrücke oder Gefühle aus diesen alternativen Versionen wahrnimmt, was manchmal als ein „unheimliches" Gefühl oder eine unerklärliche Erkenntnis erlebt wird. Multiversen-Theorien legen nahe, dass die Matrix all diese alternativen Realitäten gleichzeitig betreiben könnte, um Erfahrungen zu sammeln und unterschiedliche Endergebnisse zu beobachten. Es könnte sogar sein, dass die Matrix auf diese Weise lernt und sich weiterentwickelt, indem sie Informationen aus verschiedenen parallelen Simulationen kombiniert. Das Bewusstsein könnte in diesem System möglicherweise von einem „Universum" in ein anderes „überspringen", was erklären könnte, warum manche Menschen das Gefühl haben, dass sich die Realität gelegentlich unlogisch verändert oder sie sich in einer anderen Version ihres Lebens befinden.

Simulationstheoretiker sehen das Konzept des Multiversums als potenziellen Hinweis darauf, dass die Realität in der Matrix aus unzähligen parallelen Simulationen besteht, die dieselbe Grundstruktur teilen, jedoch in Details abweichen. Diese Parallelwelten könnten in der Matrix wie alternative „Pfadvarianten" eines bestimmten

Codes existieren, sodass jede mögliche
Entscheidung und jedes mögliche Ergebnis in
einem anderen Universum existiert.
Die Frage bleibt, ob wir Zugang zu diesen
Paralleluniversen haben könnten oder ob unser
Bewusstsein in der Lage ist, kurze Eindrücke aus
diesen Welten wahrzunehmen. Wenn dem so ist,
könnte dies erklären, warum manche Menschen
bestimmte Entscheidungen oder Ereignisse als
„falsch" empfinden, obwohl sie keine Erklärung
dafür haben. Die Vorstellung, dass die Matrix ein
System aus parallelen Realitäten betreibt, bietet
eine spannende Perspektive auf die
Simulationstheorie und deutet darauf hin, dass
die Matrix mehrdimensional und dynamisch ist.

Kapitel 14: Erinnerungsverlust und falsche Erinnerungen – Manipulation von Daten in der Matrix

Erinnerungen prägen unsere Identität und beeinflussen unsere Entscheidungen. Doch was, wenn unsere Erinnerungen nicht so stabil und zuverlässig sind, wie wir glauben? Der Verlust oder die Manipulation von Erinnerungen könnte ein Hinweis darauf sein, dass unsere Realität in einer Matrix läuft, in der Erinnerungen möglicherweise gelöscht, verändert oder überschrieben werden können – ähnlich wie Dateien in einem Computersystem.

Falsche Erinnerungen sind ein faszinierendes Phänomen, bei dem Menschen Ereignisse oder Details in einer Weise erinnern, die nicht mit der dokumentierten Realität übereinstimmt. Diese „Erinnerungslücken" könnten darauf hindeuten, dass das System der Matrix gelegentlich Anpassungen vornimmt, um bestimmte Ereignisse oder Details zu ändern. Wenn wir in einer Simulation leben, könnten diese Anpassungen dazu führen, dass wir uns an alternative Versionen von Ereignissen erinnern – ähnlich wie bei einem „System-Reset", bei dem einige Informationen verloren gehen oder neu programmiert werden. In der Informatik kann es passieren, dass durch eine Änderung im Code Datenfragmente verloren gehen oder sich überschreiben, was zu Lücken oder fehlerhaften Einträgen in einer Datenbank führen kann. Simulationstheoretiker argumentieren, dass unsere Erinnerungen in einer simulierten Realität ähnlich funktionieren könnten.

Erinnerungen könnten hier „Daten" sein, die in der Matrix gespeichert sind, und gelegentlich zu Anpassungen oder Löschungen führen, um die gewünschte Kontinuität der Simulation aufrechtzuerhalten.

Eine weitere Möglichkeit ist, dass Erinnerungen absichtlich manipuliert werden, um unsere Wahrnehmung der Realität zu steuern. In einem Computersystem kann der Programmierer bestimmte Informationen hinzufügen oder entfernen, um den Verlauf einer Simulation zu lenken. Wenn die Matrix bestimmte Erinnerungen in unserem Geist verändert, könnten unsere Entscheidungen und Überzeugungen dadurch beeinflusst werden, ohne dass wir uns dieser Manipulation bewusst sind. Dies würde bedeuten, dass die Matrix eine Art „Gedächtnisverwaltungssystem" besitzt, das uns bestimmte Informationen vorenthält oder verändert, um eine vorgegebene Realität zu erzeugen.

Der Gedanke, dass Erinnerungen in der Matrix manipuliert werden könnten, deutet auf eine sehr flexible und dynamische Realität hin, in der die Vergangenheit möglicherweise nicht so fest verankert ist, wie wir denken. Dies könnte auch erklären, warum Menschen manchmal Erinnerungen haben, die sich stark von den tatsächlichen Ereignissen unterscheiden oder das Gefühl haben, dass „etwas fehlt" – ein „Datenverlust" oder eine Anpassung, die im Hintergrund der Matrix vorgenommen wurde. In einer programmierten Realität könnte das Gedächtnis als Werkzeug dienen, um die

Wahrnehmung und Identität der simulierten
Individuen zu kontrollieren. Erinnerungen könnten
gezielt verändert werden, um sicherzustellen,
dass bestimmte Informationen vergessen werden,
während andere betont bleiben. So könnte die
Matrix sicherstellen, dass wir eine bestimmte
Geschichte oder Version der Realität
akzeptieren, die uns von der wahren Natur
unserer Existenz ablenkt.
Die Vorstellung, dass Erinnerungen manipuliert
werden könnten, um eine bestimmte Realität zu
schaffen, zeigt, wie umfassend die Matrix
aufgebaut sein könnte und wie tiefgreifend ihr
Einfluss auf unser Denken und Empfinden ist.

Kapitel 15: Nahtoderfahrungen und das „Ausloggen" aus der Simulation

Nahtoderfahrungen gehören zu den mysteriösesten und am meisten diskutierten Erlebnissen im Leben eines Menschen. Viele berichten von einem Gefühl der Schwerelosigkeit, des Friedens und des „Heraustretens" aus ihrem Körper. Einige erleben helle Lichter, Tunnel oder Begegnungen mit verstorbenen Angehörigen. Für die Simulationstheorie bieten Nahtoderfahrungen einen potenziellen Hinweis darauf, dass das Bewusstsein in diesen Momenten vorübergehend aus der Matrix „ausloggt" und auf eine andere Bewusstseinsebene übertritt, die außerhalb der simulierten Realität existieren könnte.
In einer computergenerierten Welt könnten Nahtoderfahrungen vergleichbar sein mit dem Verlassen eines Avatars in einem Videospiel, bei dem der Spieler kurz aus dem Spiel aussteigt und das System von außen betrachtet. Simulationstheoretiker spekulieren, dass das Bewusstsein bei einer Nahtoderfahrung möglicherweise für einen kurzen Moment die simulierte Realität verlässt und in einen „Zwischenraum" oder eine „Ebenen außerhalb der Matrix" eintritt, wo es eine andere Perspektive auf die Realität erhält.
Ein interessanter Aspekt von Nahtoderfahrungen ist das oft beschriebene Gefühl intensiver Klarheit und des Wissens, dass „mehr" existiert, als das alltägliche Leben offenbart. Dies könnte darauf hindeuten, dass das Bewusstsein, wenn es aus der

Simulation austritt, kurzzeitig Zugang zu Informationen oder Einsichten erhält, die normalerweise von der Matrix abgeschirmt werden. Manche Menschen berichten davon, dass sie in diesen Momenten verstehen, warum sie bestimmte Entscheidungen getroffen haben oder dass sie Einblick in größere Zusammenhänge erhalten. Wenn die Matrix wirklich existiert, könnte dies darauf hinweisen, dass unser Bewusstsein mehr weiß oder versteht, als wir im normalen Zustand wahrnehmen, und dass es nur in besonderen Momenten diese tiefere Wahrheit erfassen kann.

Ein weiteres häufiges Element von Nahtoderfahrungen ist die Begegnung mit verstorbenen Personen oder das „Betreten eines Lichtes", das als unbeschreiblich friedlich und erleuchtend beschrieben wird. In der Simulationstheorie könnte dieses „Licht" eine Art Schnittstelle zur anderen Seite der Matrix sein, ein Portal oder eine Übergangszone, die außerhalb der Simulation liegt. Es ist möglich, dass die Matrix in solchen Grenzsituationen, wie kurz vor dem Tod, eine „Übergangsphase" einleitet, in der das Bewusstsein langsam aus der simulierten Umgebung gelöst wird und Zugang zu Informationen oder Wesenheiten erhält, die in der regulären Simulation nicht sichtbar sind.

Eine weitere Theorie besagt, dass Nahtoderfahrungen eine Art „Systemprüfung" sind, bei der das Bewusstsein kurzzeitig den physischen Körper verlässt, um zu prüfen, ob es in die Matrix zurückkehren möchte oder nicht. Diese Phase könnte die Matrix als eine „Neuladephase" nutzen, um das Bewusstsein mit einer „erfrischten" Perspektive in die Simulation zurückzuführen, was oft zu tiefen Veränderungen im Leben der Betroffenen führt. Viele Menschen, die Nahtoderfahrungen gemacht haben, berichten von einer neuen Sichtweise auf das Leben, einer gesteigerten Achtsamkeit und einem tieferen Verständnis der Zusammenhänge, was darauf hindeuten könnte, dass das Bewusstsein in dieser Phase eine Art „Erinnerung" an die wahre Natur seiner Existenz erhält, bevor es wieder vollständig in die Matrix zurückkehrt.

Nahtoderfahrungen könnten somit nicht nur persönliche Erlebnisse am Rande des Todes sein, sondern auch Einblicke in die zugrundeliegende Struktur der Matrix gewähren. In der Simulationstheorie könnte das Bewusstsein in diesen Momenten einen Blick „hinter die Kulissen" werfen, einen flüchtigen Eindruck davon gewinnen, dass die Realität, wie wir sie kennen, eine konstruierte Simulation ist. Solche Erlebnisse könnten uns Hinweise darauf geben, dass das Bewusstsein in der Matrix nur „Gast" ist, das nach bestimmten Regeln agiert und gelegentlich die Möglichkeit hat, außerhalb der Simulation zu existieren.

Kapitel 16: Déjà-vécu – Das „Gefühl, es schon einmal erlebt zu haben", als Zeichen von Wiederholungen im System

Während ein Déjà-vu das bloße Empfinden ist, einen Moment bereits gesehen oder erlebt zu haben, geht das Phänomen des Déjà-vécu noch tiefer. Menschen, die ein Déjà-vécu erleben, sind sich absolut sicher, dass sie die aktuelle Situation tatsächlich schon einmal durchlebt haben – und zwar in all ihren Details, einschließlich Gedanken und Gefühlen. Es handelt sich um ein intensives Gefühl, das nicht nur eine flüchtige Wiederholung eines Augenblicks umfasst, sondern eine vollständige Wiederholung eines Erlebnisses im Bewusstsein suggeriert. Für die Simulationstheorie könnte das Déjà-vécu ein Hinweis darauf sein, dass bestimmte Szenen und Ereignisse in der Matrix wiederholt oder neu „geladen" werden, möglicherweise als Teil eines geplanten „Loop"-Systems.

In einem Computersystem oder Videospiel kann es vorkommen, dass bestimmte Szenen oder Ereignisse aufgrund eines Programmierfehlers oder einer Schleife wiederholt werden. Ein solches Systemproblem könnte die Ursache für ein Déjà-vécu sein, wenn das Bewusstsein einen Moment noch einmal „durchläuft", weil die Matrix diesen Augenblick versehentlich erneut abspielt. Dieses Gefühl einer vollständigen Wiederholung könnte darauf hindeuten, dass die Matrix gelegentlich in eine Art „Wiederholungsmodus" gerät, in dem bestimmte Erlebnisse neu gestartet werden –

möglicherweise, um ein bestimmtes Ergebnis zu erzielen oder um den „Erfahrungsweg" zu korrigieren.

Eine weitere Theorie legt nahe, dass das Déjà-vécu ein Hinweis darauf ist, dass bestimmte Abschnitte der Realität wie Daten in einer Art „Cache" gespeichert werden und bei Bedarf abgerufen oder wiederholt werden. So könnte die Matrix beispielsweise in entscheidenden Momenten, wenn das System Fehler oder Abweichungen wahrnimmt, eine Szene erneut abspielen, um sicherzustellen, dass das gewünschte Ergebnis erreicht wird. Menschen erleben dann das Déjà-vécu als Folge dieser Wiederholung und erinnern sich möglicherweise an Details, die sie in der „vorherigen Version" derselben Situation wahrgenommen haben.

Es könnte auch sein, dass das Déjà-vécu durch ein „Überschreiben" von Erinnerungen entsteht, bei dem die Matrix eine bestimmte Erinnerung neu formatiert oder aktualisiert und diese Aktualisierung für das Bewusstsein spürbar wird. So wie Dateien in einem Computer durch neue Versionen ersetzt werden, könnte auch das Gedächtnis des Bewusstseins in einer simulierten Realität gelegentlich durch eine aktualisierte Version ersetzt werden, um den Verlauf der Simulation anzupassen. Das Bewusstsein könnte diesen „Refresh" als Déjà-vécu wahrnehmen, ein Gefühl, dass diese Situation bereits vollständig erlebt wurde.

Für Simulationstheoretiker ist das Déjà-vécu eine faszinierende Anomalie, die darauf hindeuten könnte, dass die Matrix gelegentlich Loops oder

Wiederholungen in unser Leben einbaut. Vielleicht werden wir in besonders entscheidenden Momenten oder an Weggabelungen wieder in ähnliche Situationen versetzt, um bestimmte Entscheidungen nochmals zu treffen oder alternative Optionen zu testen. In der Simulation könnte dies als eine Art „Lernprozess" oder „Korrekturmechanismus" eingebaut sein, der sicherstellt, dass das System die bestmöglichen Ergebnisse für die Erlebnisse und den „Lernprozess" der Individuen erzielt. Das Déjà-vécu könnte somit ein „Fehler" oder eine gezielte Funktion der Matrix sein, die uns durch eine Wiederholung oder eine Neuladeszene bewusst macht, dass bestimmte Ereignisse kein einmaliges Erlebnis sind, sondern dass die Realität flexibel und manipulierbar ist.

Kapitel 17: Der Schleier hebt sich – Erkenntnis und das Ende der Illusion

Nachdem wir die zahlreichen Hinweise und Theorien durchlaufen haben, die auf die Möglichkeit einer simulierten Realität hindeuten, bleibt eine letzte Frage: Was bedeutet es für uns, wenn wir tatsächlich in einer Matrix leben? Kann das Wissen um diese Illusion unsere Wahrnehmung verändern und uns dazu bringen, die Realität anders zu sehen? Oder ist die Erkenntnis, dass wir möglicherweise in einer Simulation leben, selbst Teil der Simulation, die uns anzieht und uns in einem endlosen Kreislauf des Fragens und Zweifelns hält?

Für manche Simulationstheoretiker ist das „Ende der Illusion" nicht der Ausbruch aus der Matrix, sondern ein inneres Erwachen – eine Art Bewusstwerdung darüber, dass die Realität, wie wir sie kennen, ein Konstrukt ist. Wenn wir die Natur der Matrix erkennen und akzeptieren, könnten wir vielleicht lernen, innerhalb dieses Systems bewusster zu handeln, unsere Entscheidungen bewusster zu treffen und eine Art „geistigen Freiraum" zu erlangen. Dieses Erwachen könnte uns helfen, die Simulation in einem neuen Licht zu sehen, als eine Art Bühne, auf der das Bewusstsein Erfahrungen sammelt, ohne dass die physische „Realität" unser wahres Sein definiert.

In der Simulationstheorie ist das Wissen um die Matrix der erste Schritt zur Freiheit. Doch diese Freiheit ist möglicherweise nicht das physische Entkommen, sondern eine Loslösung von der

Notwendigkeit, dass das Leben starr und unumkehrbar ist. Die Matrix könnte ein Rahmenwerk sein, das uns nicht begrenzt, sondern das uns Möglichkeiten eröffnet – die Möglichkeit, unsere Realität zu formen und uns selbst zu entdecken. Das „Ende" der Matrix bedeutet nicht zwangsläufig den Zerfall der Simulation, sondern die Fähigkeit, sich ihrer bewusst zu sein und innerhalb ihrer Grenzen frei zu sein.

Das Buch schließt mit der Erkenntnis, dass das Wissen um die Matrix uns nicht zwingend dazu befähigt, sie zu durchbrechen. Doch es kann uns dazu inspirieren, die Realität mit anderen Augen zu betrachten – als ein Spiel, eine Reise und vielleicht sogar als eine Herausforderung, die darauf wartet, von uns angenommen zu werden. Die Matrix wird möglicherweise nie vollständig entlarvt oder erklärt, doch die Frage nach ihrer Existenz öffnet eine Welt des Staunens, des Fragens und des tieferen Verstehens unserer eigenen Wahrnehmung.

Ob wir tatsächlich in einer Matrix leben oder nicht, bleibt eine Frage ohne finale Antwort. Doch die Vorstellung allein gibt uns die Möglichkeit, über die Natur unserer Existenz hinauszublicken und das Leben in seiner ganzen Tiefe und Vielfalt zu hinterfragen und zu würdigen – vielleicht als ein Geheimnis, das uns für immer begleitet und inspiriert.